Christian Schulze

Nachricht von den bei Zöblitz und an andern Orten in Sachsen befindlichen Serpentinsteinarten

Christian Schulze

Nachricht von den bei Zöblitz und an andern Orten in Sachsen befindlichen Serpentinsteinarten

ISBN/EAN: 9783743662193

Hergestellt in Europa, USA, Kanada, Australien, Japan

Cover: Foto ©ninafisch / pixelio.de

Weitere Bücher finden Sie auf **www.hansebooks.com**

Nachricht

von den

bey Zöbliß und an andern Orten in Sachsen

befindlichen

Serpentinsteinarten,

abgefaßt

von

Christian Friedrich Schultzen,

Med. Baccal. und Mitgliede der Leipziger ökonomischen Gesellschaft.

Nebst

einem Anhange

vom Topf- oder Lavetzsteine

und den mancherley Vortheilen,

die man sich wahrscheinlicherweise davon zu versprechen hat.

Dresden und Leipzig,

bey Johann Nicolaus Gerlach Wittwe und Sohn. 1771.

Der

Hochansehnlichen und Preiswürdigen

Leipziger

Oekonomischen Gesellschaft

überreichet

gegenwärtige wenige Blätter,

als ein Zeichen

seiner ergebensten Schuldigkeit,

Dresden,
den 10. Junii 1771.

der Verfasser.

§. 1.

Der so genannte Zöblitzer Serpentinstein ist von keinem allzufesten Gefüge, indem er sich schneiden und auf der Drechselbank bearbeiten läßt. Das Scheidewasser greift ihn zwar an, allein es macht keine aufwallende Bewegung mit demselben. Durch die Politur erlangt er einen ziemlichen Glanz, am Stahle aber giebt er keine Funken von sich. Im Glühfeuer bekommt derselbe eine größere Härte und Festigkeit, und im Schmelzfeuer verwandelt er sich in eine derbe glasartige Schlacke.

§. 2.

Linnäus nennet diesen Stein: Talcum particulis impalbabilibus solidum, viridi maculatum. Wallerius: ollarem solidum, virescentem, maculosum, polituram admittentem. Beym Woltersdorff heißt er: Smectis opacus, virescens, maculis et venis nigris. Carthenser giebt ihm den Namen: Smectis subtilis, viridescens, maculis nigris distinctus. In dem aus dem Schwedischen übersetzten Versuche einer neuen Mineralogie ist ihm der Name Serpentinus particulis granulatis, beygefegt. Der Hr. Prof.

Vogel

Vogel nennet ihn Lapidem serpentinum, Marmor Zoeplitium, und bey den ältern Schriftstellern, insonderheit aber beym Kentmann, Agrikola und Cardanus, heißt derselbe: Marmor Zeblicium, Marmor Zeblicense.

§. 3.

Die meisten mineralogischen Schriftsteller unserer Zeit rechnen diesen Stein zu dem Geschlechte der sogenannten verhärteten Thon- oder Lettenarten. Der Hr. Prof. Pott sagt, in der Fortsetzung seiner Lithogeognosie, auf der 50ten S. Der sächsische Serpen- tin gehöret, seiner Haupterde wegen, unter die thonartigen Steine. Die eingemischten fremden und metallischen Theile sind Ursache, daß er im heftigen Feuer schmelzt. Der Hr. Director Marggraf, welcher unsern Stein im nassen Wege, und zwar vermittelst verschiedener sauern Auflösungsmittel, untersuchet, fand, daß derselbe vornehmlich aus zwey verschiedenen Erdarten zusam- mengesetzt sey, wovon er die eine Terram alcalinam sui generis, oder eine noch nicht genug bekannte und hinlänglich untersuchte kalische, die andere aber eine sandigte, kiesigte, vitrescibele Erde nennet. In den mit unserm Serpentinsteine fortgesetzten Versuchen hat er gefunden, daß die in demselben vorhandene kalische Erde der in der Salzsode oder Mutterlauge, und in dem sogenannten Bitterwasser und dessen Salze befindlichen Erde völlig gleichkommt. Man kann hiervon seine eigenen Worte im 2ten Theile seiner chymischen Schriften, auf der 11. und folgenden S. nachlesen, woselbst er auf der 31. S. aus seinen angeführten Versuchen den Schluß macht: Ich kann also kühnlich behaupten, daß beyderley Erdarten so- wohl im Serpentine und dessen Arten, als auch in der Salz- mutterlauge, einerley seyn. Der Hr. Prof. Vogel hat auf der 104. S. seines Mineralsystems gleichfalls angemerkt, daß der sächsische Serpentinstein den sauern Säften nicht gänzlich widerstehe, indem er den Boden eines aus diesem Steine zubereiteten Mörsers, in
welchem

welchem er 1 Qvent. Salpeter mit etwas Vitriolöle vermischte, und solches etliche Tage stehen ließ, von diesem Gemenge angefressen fand.

§. 4.

Ob nun zwar der Serpentinstein aus keinem ganz reinen thonartigen Grundstoffe, sondern auch aus dem vom Hrn. Director Marggrafen entdeckten kalischen Bestandtheile, und zugleich aus einer beträchtlichen Menge Eisenerde, und, wie der Hr. Bergrath Henckel, in seiner Abhandlung vom flüchtigen Alkali im Mineralreiche, erweislich gemacht hat, aus etwas wenigen von einem kalischen, flüchtigen, mineralischen Salze bestehet; so zweifle ich doch, ob man diesen Stein zu einer andern Classe, als zu den thon- und lettenartigen Steinverhärtungen rechnen könne. Die an dem Serpentinsteine bemerkte Eigenschaft, daß derselbe, nemlich im Glühfeuer, einen größern Grad der Härte erlanget, kommt allen thonartigen Erden und Steinen zu, und ist daher ein Kennzeichen, welches die sämmtlichen Lettenarten von allen übrigen Geschlechten der Steine unterscheidet. Im ganzen Mineralreiche werden wir weder eine Erde, noch irgend einen Stein von ganz reiner oder einfachen Beschaffenheit antreffen, und wenn wir diese Dinge nach dem sämmtlichen ihnen beygemischten Stoffe eintheilen wollten; so würden wir in einen unendlichen Irrgarten gerathen. Bey der Eintheilung der Mineralien und Foßilien haben wir uns, wie in der ganzen Naturhistorie, an solche Kennzeichen zu halten, welche ganzen Classen und Geschlechten zukommen: dahingegen die chymische Zergliederung dieser Dinge unentbehrlich wird, wenn wir uns um den Nutzen und Gebrauch derselben im menschlichen Leben bekümmern.

§. 5.

Der bisher in Sachsen bekannt gewesene Serpentinstein wird zwar ohnweit Zöblitz, einem zwischen Marienberg und Olbernhau gelegenen Städtchen, und insonderheit auf der allda gegen Morgen gele-

gelegenen Anhöhe, die Harte genannt, angetroffen und gebrochen: allein man findet denselben auch an verschiedenen andern Orten unsers Landes. Bey Limbach, im Erzgebürge, trift man hiervon nicht nur eine braungelbe Art mit röthlichen, sondern auch eine lichtgelbe mit dunkeln Flecken an. Bey Hohenstein bricht ein aschgrüner Serpentinstein mit schwarzen Puncten, und auf dem Kahlenberge, bey Waltenburg, ein gelber mit schwarzen Streifen und Flecken; wie denn auch verschiedene Arten von diesem Steine bey Hartenstein, unweit Chemnitz, anzutreffen sind. Ueber dieses findet man in der Elster bey Camenz verschiedene Geschiebe von ziemlicher Größe, welche größtentheils in einem grünlichen Serpentinsteine bestehen, welches uns auf die Vermuthung leitet, daß in der dasigen Gegend ein Gebürge von dieser Beschaffenheit vorhanden seyn müsse. Und endlich befindet sich allhier in dem plauischen Grunde, unweit der sogenannten Buschmühle, eine Felsenklippe, in welche ein mächtiger Gang einsetzt, der mit dunkelgrauen Serpentinsteine angefüllet ist.

§. 6.

Außer den bereits angezeigten Arten von Serpentinsteinen giebt es auch einige andere Steine, welche, wenn man ihre etwas größere Härte und Festigkeit ausnimmt, mit denselben in allen Stücken übereinkommen, und die man folglich als Nebenarten des Serpentinsteins anzusehen hat. Man findet an verschiedenen Orten in Sachsen, insonderheit aber um Chemnitz und in der Dresdnischen Gegend, Geschiebe und Wacken, welche insgemein eine graue, grünliche oder schwarze Farbe und bisweilen gelbgraue Flecke haben. Da nun diese Steine, in den meisten Stücken, mit dem Serpentinsteine übereinkommen, so haben sie sich, ihrer etwas größern Härte wegen, unter dem Namen des wilden oder harten Serpentinsteins bekannt gemacht. Hier bey Dresden trift man seinwärts Borten, an dem Locketwitzer Bach, ganze Berge an, welche insgesammt aus dieser Serpentinsteinart bestehen. Hierher kann man auch den in den vorigen Zeiten

in

in Italien bekannt gewesenen Ophit rechnen. Plinius erthält uns in seiner Hist. mundi *) von diesem Steine folgende Nachricht: Die angezeigten Marmorarten sind vom Ophit hierinnen unterschieden, daß der letztere Flecken, wie die Schlangen hat, woher er auch seinen Namen bekommen ꝛc. Vom Ophit findet man niemals große, sondern nur sehr kleine Säulen. Es giebt zwey Arten dieses Steins, nemlich eine weiße, weiche, und eine schwärzliche, härtere, und man will behaupten, daß beyde, wenn sie aufgebunden würden, die Kopfschmerzen und den Schlangenbiß heilen sollen ꝛc. Insonderheit rühmen einige diejenige Art wider den Schlangenbiß, welcher von aschgrauer Farbe ist, und dahero Tephria genennet wird. Dieser Stein ist auch unter dem Namen Memphit, und zwar von seinem Geburtsorte, bekannt. Dioscorides führet in seiner Mat. med. **) drey verschiedene Arten vom Ophit an, indem er sagt: Es giebt verschiedene Sorten von diesem Steine, einige sind schwer und schwarz, andere aschfarben und gefleckt, noch andere mit weißen Streifen und Adern durchzogen. Matthiolus merkt in seiner dieser Stelle beygefügten Erklärung an, daß der von den Griechen genannte λιθος εφιτης,

Schlangen=

*) Lib. XXXVI. Cap. VII. Differentia eorum est ab ophite, cum sit illud serpentium maculis simile, unde et nomen accepit etc. Neque ex ophite calumnae, nisi parvae admodum inveniuntur. Duo ejus generis, molle candidum, nigricans durum. Dicuntur ambo capitis dolores sedare adligati et serpentium ictus etc. Contra serpentes autem a quibusdam laudatur praecipue ex his, quem Tephriam appellant, a colore cineris. Vocatur et Memphitis, a loco gemmantis naturae.

**) Lib. V. Cap. 10. Ophito genera multa: quidam ponderosus et niger, alter cinereo colore spectatus, punctis distinctus, tertius lineis quibusdam candidis intercinctus est.

B

Schlangenstein, bey den Italiänern auch unter den Namen *Pietra serpentina* bekannt gewesen.

Wordward sagt, in seiner Abhandlung von Foßilien, auf der 679ten S. Der jetzige Serpentin ist von der Alten ihren fast gar nicht unterschieden, wie man solches an denjenigen Stücken sehen kann, die noch heut zu Tage, in den alten Gebäuden vorhanden sind. Die Beschreibung, so uns Plinius davon ertheilet, kommt ebenfalls mit demjenigen, den wir noch haben, überein.

Der Hr. Prof. Pott gedenket dieses Steines gleichfalls in der Fortsetzung seiner Lithogeognosie auf der 50sten S. wo er sagt: daß der Serpentinstein der Alten, *Ophites*, in Betrachtung des äußerlichen Ansehens, Farbe und dunkel-schwarzgrauen Flecken, dem Sächsischen Serpentinsteine zwar ziemlich gleich gekommen, aber viel härter, als derselbe sey. Da er nun zugleich anführet, daß dieser Stein, im Feuer, ohne Zusatz, zu einer schwarzen Schlacke zusammenschmelze: so kann man demselben keine andere Stelle, als unter den härtern Serpentinsteinarten einräumen.

§. 7.

Ob ich nun zwar nicht in Abrede seyn will, daß sowohl Plinius, als auch Dioscorides einige Marmorarten zu dem Ophit mögen gerechnet, und für denselben ausgegeben haben, welches die schlechte Kenntniß dieser Dinge in den damaligen Zeiten vermuthen läßt: so ist doch so viel gewiß, daß der noch gegenwärtig, in Italien, unter dem Namen *Serpentino antico* bekannte Stein, von welchem noch Säulen, Gefäße und andere Geräthschaften vorhanden sind, in Betrachtung seiner Beschaffenheit, mit unsern Serpentinsteine in der größten Verwandschaft stehet. Denn ob derselbe gleich eine größere Härte, als unser Zöblitzer Stein besitzet; so kann man denselben doch zu keinem andern Geschlechte, als zu den Lettenverhärtungen, und zu den härtern Serpentinsteinarten zählen, indem er sich im Glühfeuer verhär-

verhärtet, und im Schmelzfeuer zu einer glasartigen Schlacke wird.
Dieser Stein hat insgemein eine dunkelgrünliche Farbe, und ist mit
weißgrünen Flecken bezeichnet. Im übrigen ist derselbe unter dem
Namen des antiquen, oder auch egyptischen Serpentinsteins,
und bey einigen Steinsammlern, unter der seltsamen Benennung des
Pistaciensteines bekannt.

Ferrante Imperato, ein in der Naturhistorie und in den Antiqui-
täten erfahrner italiänischer Gelehrter, hat diesen Stein in seiner *Hist.*
natural. *) ziemlich genau beschrieben, indem er von demselben sagt:
Der grüne Lokonische Stein, welcher bey uns *Serpentino* genennet wird, ist, in Ansehung seiner Härte und seiner übrigen
Beschaffenheit, dem Porphyr ziemlich gleich. Der dunkelgrüne Grund dieses Steines ist mit lichtgrünen Flecken
bezeichnet, es sind aber diese in dem grünen Grunde befindlichen lichtern Flecke größer, als die Flecke beym Porphyr,
auch meistentheils länglich, und den Früchten des Pinien-
baums gleich, wie sie denn auch insgemein mit einander verbunden sind. Im übrigen ist dieser grüne Stein viel schiefri-
ger, als der Porphyr, schmelzt auch leichter im Feuer als derselbe, wodurch der dunkelgrüne Theil in eine röthliche Masse
verwandelt wird, welche wie gekochter Most aussiehet. Das
lichtgrüne in den weißlichen Flecken wird dem Pimsensteine
B 2   gleich.

*) Lib. XXV. Cap. VIII. Il verde Jaconico, da nostri Serpentino detto,
nella durezza, e sui altri conditioni, è simile al Porfido: strizzato
nel verde obscuro di verde chiaro; ma sono le goccie di chiaro ne
verde maggiori, chi nel Porfido, e per lo piu longhette, e simili
à nocciuoli pinei, colligate l'una all' altera. Et è il verde Jaconico più
del Porfido scheggioso, e più facilmente al fuoco si lassa, oue il suo
verde ascuro si muta in sustanza rossaccia, di color di sapa: il verde
che è il chiaro in corpo bianco è simile a pomice. Riceve in se la
pietra buona politura, e se ne ritrovano sculture di marmo,

gleich. Es nimmt auch dieser Stein eine gar gute Politur an, und findet man von demselben verschiedene nach Marmorart gefertigte Sculpturen.

§. 8.

Endlich giebt es auch einige Arten von Serpentinsteinen, welche nicht nur etwas weicher, sondern auch halbdurchsichtig sind. Im 8ten Bande der Schwedischen akademischen Abhandlungen wird gemeldet, daß Hr. Rinmann, auf der in Schweden befindlichen Sahla-Silbergrube, nicht nur einen dunkelgrünen Serpentinstein mit halbdurchsichtigen Flecken und Adern, sondern auch einen gelben, halbdurchsichtigen, mit dunkeln und lichten Wolken und Adern, angetroffen habe. Aus der von Hrn. Rinmannen beygefügten Beschreibung dieser Steine, erhellt zur Gnüge, daß dieselben mit unserm Sächsischen Serpentinsteine in der größten Verbindung stehen, wie sich denn der Verfasser dieser Abhandlung dieserwegen folgendermaßen erkläret: Die Härte und Beständigkeit im Feuer, bringt diesen Stein unter die Topfsteine, *Lapides ollares*, oder besser, nach Henckels Eintheilung in seiner Schrift *de lapidum origine*, unter die verhärteten, da er vermuthlich von einem Steinmarke herstammet. Seiner Flecke, seiner dichten und fest zusammenhangenden Theile, des Ansehens auf dem Bruche, der baldigen und glänzenden Politur, des Pulvers, der Beständigkeit gegen die Wärme, des öhlichten Inhalts und der Flüchtigkeit der Farbe wegen, ist er endlich unter die Serpentinarten zu setzen, da nemlich die aus Deutschland hieher kommende fleckichte, und zu allen Zeiten sogenannte Serpentinsteine, eben diese Eigenschaft haben.

§. 9.

Wenn man alles dasjenige, was von den verschiedenen zum Serpentinsteine gehörigen Arten gesagt worden, in Betrachtung ziehet stehet, so wird man gar leicht im Stande seyn, sich dieselben, nach einer gehörigen Ordnung, und in Ansehung ihrer Kennzeichen, bekannt zu machen.

Die härtern Serpentinsteinarten werden insonderheit dadurch keintlich, daß sie sich im Feuer verhärten, eine feine Politur annehmen, am Stahle einige Funken von sich streuen, auf der Drechselbank aber nicht zu bearbeiten sind.

Die weichern Serpentinsteine, welche sich in undurchsichtige und halbdurchsichtige eintheilen, erlangen im Feuer zwar gleichfalls eine größere Härte, allein sie lassen sich schaben, schneiden, und auf der Drechselbank bearbeiten. Am Stahle geben sie keine Funken von sich, wie sie sich denn auch, in Ansehung der etwas mättern Politur, von den härtern Serpentinsteinarten unterscheiden.

§. 10.

Der Herr Past. Leßer, scheint in seiner Lithotheologie, auf der 861sten S. zu behaupten, daß der Zöblitzer Stein erst ungefähr vor hundert Jahren sey erfunden worden. Der Hr. Prof. Küstner aber führt, in seinen, des Hrn. Rinemanns Abhandl. von den in der Sahla-Silbergrube gefundenen Serpentinsteinarten beygefügten Anmerkungen, von unsern Zöblitzer Steine, folgendes aus des *Vinc. Scamozzi Architectura* *) an: Im Meißnischen Districte in Deutschland, befindet sich ein sehr artiger Stein, so man den Zöblitzer Stein nennet. Aus diesem Steine drechselt man verschiedene Trinkgeschirre, welche ein sehr gutes Ansehen haben. Da nun dieser *Vinc. Scamozzi* lange vor dem, von den Hrn. Past. Leßer angegebenen

B 3   Zeit-

*) P. II. L. VII. Cap. XII. In Miſſena di Germania hanno una pietra tanto gentile, et la chiamano Zeblicio, che ne fanno vaſi al torno per uſo di bere, che comparonó malto bene.

Zeitpuncte bekannt gewesen; so müssen wir auch die Erfindung und Bearbeitung dieses Steins auf weit ältere Zeiten hinaussetzen.

§. II.

Herr Mag. Steinbach sucht, im 3ten Kap. seiner Historie des Städtchen Zöbliz, aus einem in den remarquablen curieusen Briefen angeführten Manuscripte darzuthun, daß der bey Zöbliz befindliche Serpentinstein ungefähr im Jahre 1546. vom Justo Raben, einem alten sechzigjährigen Bergverständigen, welcher Italien, die Schweitz und andere Länder durchreiset, wäre entdeckt worden. Ingleichen, daß man diesen Stein erst lange Zeit darnach, und zwar um das Jahr 1580. zu bearbeiten angefangen habe, indem man anfänglich nur vermittelst der sogenannten Pillen, und aus freyer Hand, allerley Trinkgeschirre und andere grobe Arbeit aus diesem Steine gefertiget, bis endlich von Michael Beßlern, welcher 1614. soll gestorben seyn, die Bearbeitung dieses Steines, auf der Drechselbank erfunden worden.

§. 12.

Ob nun zwar diese Nachrichten ziemlich gegründet zu seyn scheinen; so finden wir doch in des Agrikola Schriften verschiedene Stellen, welche die Gewißheit derselben zweifelhaft machen.

Dieser Autor führt in seinem Buche *de natura fossilium* *) von dem Zöblizer Steine folgendes an: Diejenigen Steine, welche sich vermittelst des Eisens bearbeiten lassen, lassen sich auch schaben, und einige auf der Drechselbank bearbeiten, wovon wir an dem, in dem Meißnischen Kreyße, bey Zöbliz befindlichen Steine, und an dem Italiänischen Topfsteine einen Beweis haben.

Im

---

*) Lib. I. Cap. ix. Quae ferro tractari queunt, hae omnes scalpi possunt: alii vero etiam tornari, sicut in Misena marmor Zeblicium, in Italia lapis Comensis.

Im 7ten Kap. des 7ten Buches *de natura fossilium* *) meldet Agricola von unsern Zöblitzer Serpentinsteine: In dem Meißnischen Kreyße, nicht weit von dem Schlosse Lauterstein, bricht man, bey dem Städtchen Zöblitz, einen aschfarbenen Marmor, mit schwarzen absetzenden schmalen Adern, und untermischten vielen kleinen, weißen Puncten, der auch bisweilen Flecke, und ziemlich breite schwarze Streifen hat, und ist dieser Stein bey uns, unter dem Namen *Serpentaria,* Serpentinstein, bekannt.

Und endlich findet man von diesem Steine, in dem 11ten Kap. des 7ten Buches *de natura fossilium* **) folgende Nachricht: Man verfertiget aus dem Zöblitzer Steine Löffel und Becher, von welchen man glaubt, daß sie dem Gifte Widerstand leisten sollen, ingleichen Kugeln, womit die Weiber ihren gewaschnen leinenen Kopfschmuck trocknen. Wie man denn auch aus eben diesem Steine, sowohl gerade, alskinwärts gelegne Platten zubereitet, mit welchen man, wenn sie warm gemacht worden, zur Winterszeit, im Bette, die kalten Glieder erwärmet.

Da nun Agricola seine Schriften, welche vom Johann Siegfried in Wittenberg 1612. herausgegeben worden, nach
                                                                seinem

---

*) In Misena, non longe ab arce Lautersteino juxta Zeblicium oppidulum, effoditur marmor subcinereum, venulis nigris, tenuissimis plerumque interruptis, et punctis candidis, minutissimis plenissimum: quod interdum habet maculas, interdum venas nigras satis latas, hoc nostri appellant Serpentariam.

**) Ex Zeblico marmore, nostri cochlearia et pocula formant; quae veneno resistere persuasi sunt; atque etiam globos, quibus mulieres siccant linea capitis velamina, cum ea laverint. Praeterea crustas planas et convexas, quibus calefactis, nostri hyeme, cum in lecto cubiculari sunt, frigida fovent membra.

feinem eigenen Geſtändniſſe, *) ungefähr im Jahre 1540. gefertiget, und uns gleichwohl bereits ſo viele Nachrichten von unſerm Zöblitzer Steine ertheilet, ja da er ſagt, daß derſelbe auf der Drechſelbank bearbeitet werden könne; ſo muß dieſer Stein nicht nur bereits vor der vom Hrn. Mag. Steinbachen angegebenen Zeit bekannt geweſen ſeyn, ſondern wir müſſen auch die Bearbeitung deſſelben; inſonderheit aber auf der Drechſelbank, noch auf ältere Zeiten, als von demſelben angegeben worden, hinausſetzen.

§. 13.

Das Städtchen Zöblitz mag ſeine Benennung, wie Hr. Mag. Steinbach, in der bereits angezeigten Hiſtorie dieſes Ortes, anführet, entweder von dem Worte *Zdzeblo*, Stoppeln, oder von *Czoply*, warm, erhalten haben, und daher eine fruchtbare, oder eine warme und geruhige Gegend bedeuten; ſo hat man doch Urſache hieraus zu vermuthen, daß dieſer Ort von den Böhmen, oder Sorbenwenden erbauet worden, und daß dieſe Gegend bereits im ſiebenden, oder achten Jahrhundert nach Chriſti Geburt, bewohnt geweſen. Ob ſich nun zwar hieraus nicht ſchließen läßt, daß man den Serpentinſtein ſchon zu den damaligen Zeiten gekannt und bearbeitet habe; ſo kann ich doch dieſes nicht unberührt laſſen, daß viele von den ſogenannten Donnerkeilen, oder Streitäxten der Alten, ſo man hin und wieder in

*) In der vom Agrikola abgefaßten, und ſeinen Büchern *de ortu et cauſis ſubterraneorum*, vorgeſetzten Vorrede, welche an den Churfürſten Mauritium gerichtet, und mit der Jahrzahl 1544. unterzeichnet iſt, drückt ſich Agrikola folgendergeſtalt aus: *Tuo autem nomini, Princeps patriae, meas hos libros, quartum ab hinc annum ſcriptos, dicare volo.* Am Ende dieſer Vorrede ſagt er: *Atque hos libros, ſi gratos acceptosque habebis, alii, ſimiliter nomini tuo dicati, prodibunt in lucem.* Wie denn auch die ſeinen Büchern *de natura foſſilium* vorgeſetzte, und an eben dieſen Churfürſten gerichtete Zueignungsſchrift, mit der Jahrzahl 1546. bezeichnet iſt.

in Sachsen gefunden, aus Serpentinsteine gefertiget sind, welcher, in allen Stücken, mit dem noch gegenwärtig bey Zöbliß befindlichen Steine völlig übereinkommt. Da man nun aber dieses in den ältern Zeiten eine steinigte Gegend, wo man entweder brauchbare Steine antraf, oder wo Steinbrüche befindlich waren, eine Harte nennete; so muß man auf die Gedanken gerathen, daß den ältern Bewohnern dieses Ortes der Serpentinstein nicht gänzlich mag unbekannt gewesen seyn. Aus diesem Grunde ließe sich denn auch die Meynung derjenigen behaupten, welche vorgeben, daß die Benennung des Städtchen Zöbliß von dem böhmischen Worte Zabeln, streiten, herzuleiten sey, nur aber mit dem Unterschiede, daß Zöbliß nicht sowohl, wie sie meynen, ein Streitplatz, sondern vielmehr ein solcher Ort bedeutet, wo Streitäxte und andere steinerne Waffen gefertiget worden, deren sich die ältern Bewohner unserer Gegenden im Streite bedient haben, wie denn auch dieser Ort in dem, von dem bekannten Pirnaischen Mönche abgefaßten Chronico, nicht Zöbliß, sondern Czabeliz genennet wird.

§. 14.

Wenn wir endlich fragen: woher der Serpentinstein seinen Namen erhalten? so ist es sehr wahrscheinlich, daß der in den ältern Zeiten bekannt gewesene Ophit hierzu mag Gelegenheit gegeben haben. Denn da dieser Stein, dem Ansehen nach, in vielen Stücken mit unserm Zöblitzer Steine übereinkommt: da derselbe, in Betrachtung seiner Benennung, eben so viel, als Schlangen- oder Serpentinstein heißt, und da er über dieses in den vorigen Zeiten, in Italien, unter dem Namen Serpentino bekannt gewesen; so ist zu vermuthen, daß ein gereißter und erfahrner Steinkenner unsern Zöblitzer Stein mit dem italiänischen Namen belegt. Wenn daher Hr. Mag. Steinbach die Erfindung dieses Steins einem durch Italien gereißten Bergverständigen zuschreibet; so mag dieses wohl hauptsächlich von der Benennung des bereits bekannt gewesenen Steines zu verstehen seyn. Auf diese

C

Weise

läßt sich auch gar wohl begreifen, wie unserm Serpentinsteine alle diejenigen Tugenden und Wirkungen zugeeignet worden, welche Plinius, und andere ältere Schriftsteller, dem Ophit beygelegt haben.

§. 15.

In dieser Meynung werde ich nicht wenig unterstützt, da ich finde, daß unser Serpentinstein bey einigen Mineralogen auch unter dem Namen Ophit bekannt ist. *Poetius de Boodt* sagt in seiner *Hist. lap. et gemmarum* *): Eine andere Art Marmor bestehet in einem schwarz dunkelgrünen Steine, welcher mit hellgrünen kreuzförmigen Streifen durchzogen ist, dergestalt, daß man dieselben mehr für eine künstliche Mahlerey, als für natürliche im Steine gewachsene Züge ansehen sollte. Diese Art ist mir in der sächsischen Naturalienkammer vorgezeiget worden. Ich habe daselbst Stücken von der Größe eines Kopfs angetroffen, von welchen man mir sagte, daß sie im Meißner Lande gebrochen würden, und eine Art vom Ophit wären. In dem folgenden 277. Kap. dieses Buchs **) erklärt er sich dieserwegen folgendermaaßen: Zu unsern Zeiten wird ein aschfarbner harter Marmor, welcher Serpentinstein heißt, ingleichen ein weißlicher grüner Marmor, und ein schwarz gefleckter Alabaster für den

*) Lib. II. Cap. CCLXXVI. Aliud genus est ex atro obscure viride, quod crucibus dilute viriditatis, ita eleganter depictum est, ut quis in ipso marmore non natas, sed depictas arbitretur. Id in museo Ducis Saxoniae mihi ostensum fuit. Frusta ibidem capidis humani magnitudine conspexi. Dicebatur in Misnia effodi, ac pro Ophitis specie habebatur.

**) Nunc vel cinereum marmor durissimum Serpentinum appellatum, vel ex viridi album marmor, aut alabastrum nigriusculis maculis aut punctis maculatum, pro Ophite europaeo habetur. Tale et Zeblicium germ. Serpentinstein vocatur, in Misnia repertum ac molle.

den europäischen Ophit gehalten, wohin man auch den Zöblitzer
Serpentinstein, welcher im Meißnischen Lande gefunden wird,
und weicher ist, rechnet. Und endlich zählt er unsern sächsischen
Serpentinstein in dem 278. Kap. dieses Buchs *) ausdrücklich zu
den daselbst angeführten Arten des Ophits, wenn er sagt: Es giebt
noch eine andere Art vom Ophit, welche in Deutschland geach-
tet wird, sie ist aber öfters weich, und dahero mehr zu den
Alabasterarten als zum Marmor zu rechnen. Man findet diesen Stein in dem Meißnischen Kreyse, wo er unter dem Namen des Zöblitzer Marmors bekannt ist ꝛc. Aus diesem Steine
werden Löffel und Becher gefertiget.

Albinus führt, auf der 160. S. seiner Meißnischen Berg-
chronike, vom Zöblitzer Steine folgendes an: Im Lande zu Meißen
hat man zwo fürnehme Arten von Marmorsteinen, erstlich
den Zöblitzer, eine kleine Meile von Marienberg, welchen man
bey uns Serpentin nennet, wie ihn die Graeci Ophiten
geheißen ꝛc.

§. 16.

Ob man zwar in der Zöblitzer Gegend verschiedene Anhöhen antrift, welche aus Serpentinsteine bestehen; so wird dieser Stein doch
daselbst nur an zwey Orten, nehmlich auf der gemeldeten Harte,
und auf den Ansprunger Fluhren gebrochen. Vor einigen Jahren
befanden sich, nach denjenigen Nachrichten, welche uns Hr. Mag.
Steinbach in seiner 1750. herausgekommenen Historie des Städtchen Zöblitz dieserwegen ertheilet,

C 2   folgen:

____

*) Aliud genus Ophitis, a germanis multum laudatum, sed saepe molle
ut alabastris, aut alabastri species potius, quam marmoris esse debeat,
effoditur in Misnia, Zeblicium vocatum &c. Solent cochlearia et pocula
inde conficere.

folgende drey und zwanzig Brüche auf der Harte:

1. Der Churfürstliche rothe Bruch, in welchem insonderheit ein lichter und blaßrother, ingleichen ein hochbrauner mit rothen Adern, ferner ein brauner und ein lichtgrauer, und endlich ein rother mit Asbest durchzogner Stein brach.

2. Der rothe Meisterbruch lieferte nicht nur einen Ziegelrothen, sondern auch einen hochbraunen Stein.

3. Der Gotteswillen Bruch, auf welchem ein schwärzlicher, ingleichen ein bräunlicher Serpentinstein befindlich war.

4. Der alte braune Bruch enthielt einen lichten und einen schwarzgrauen, ingleichen einen schwarzen und einen hochbraunen Stein.

5. Der alte grüne Bruch, auf welchem man nicht nur einen grünlichen, sondern auch einen schwärzlichen Stein, mit und ohne Adern, brach.

6. Der harte Haubruch, wo man einen mit kleinen Adern durchzognen, ingleichen einen lichtgrünen mit einzeln Adern, und endlich einen schwärzlichen Stein mit bräunlichen Adern fand.

7. Der alte Bachenbruch lieferte einen grüngeäderten, ingleichen einen gelbgestreiften, ferner einen schwärzlichen und schwarzen, und endlich einen grauen Stein.

8. Der andere fichtelbacher Bruch, in welchem eine schwarzbraune, ingleichen eine schwärzliche und eine bläuliche Art gebrochen wurde.

9. Der mausefahle Bruch, wo sich ein grauer, ferner ein weißlicher mit schwarzen Granaten, ingleichen ein grüngeädeter, ein schwarzer und ein gelber Stein befand.

10. Der untere Gartenbruch, aus welchem man eine schwarzbraune, eine schwärzliche, eine bläuliche, und eine graue Art mit kleinen Adern erhielt.

11. Der mittlere Gartenbruch lieferte einen hochbraunen, einen grünlichen, und einen lichtgrauen Stein mit braunen Flecken.

12. Der

12. Der obere Gartenbruch, auf welchem man einen grauen kleingeäderten, einen dergleichen etwas dunklern, und einen schwärzlichen Stein antraf.

13. Der Stollenbruch, in welchem meistentheils schwarze und dunkele Arten brachen.

14. Der Siebenschläfer, auf welchem ein schwarzer Stein gewonnen wurde, den man aber, wegen seiner Härte, meistentheils zur Verfertigung der Wärmsteine anwendete.

15. Der Bock, aus welchem man einen schwarzen, und einen etwas lichtern Stein erhielt.

16. Die Ziege lieferte gleichfalls einen schwarzen und einen etwas lichtern Stein.

17. Der trübe Bruch enthielt einen schwärzlichen Stein mit und ohne Granaten.

18. Der Kupferbruch, in welchem nicht nur ein schwärzlicher, sondern auch ein etwas lichterer Stein, mit rothen Puncten gebrochen wurde.

19. Die Hoffnung, wo man eine schwarze, eine grünliche und eine graue Art fand.

20. Die neue Hoffnung enthielt einen schwarzen Stein mit großen Granaten.

21. Die Fichte lieferte einen schwärzlichen geäderten, ferner einen grünen, mit großen, und einen dergleichen, mit kleinen Abern durchzognen Stein.

22. Der Börnerbruch, wo man insgemein verschiedene ganz schwarze Arten antraf.

23. Der Hübelbruch, in welchem, nebst einem dunkelgrauen mit braunen Granaten angefüllten Serpentinsteine, Asbest brach, der so fasigt war, daß man denselben anstatt der Dochte in den Lampen gebrauchen konnte.

C 3

Auf

Auf den Anfprunger Flußren befanden fich, zu der
damaligen Zeit, folgende fechs Brüche:

1. Der Bretmühlenbruch, welcher einen bräunlichen und einen
   bunten, ingleichen einen grünlichen geäderten Stein lieferte.
2. Der alte fchwarze Bruch enthielt meiftentheils fchwarze Serpen-
   tinfteinarten.
3. Die See, allwo ein Meergrüner und ein fchwärzlicher Stein
   gebrochen wurde.
4. Die kleine See, wo man eben diejenigen Arten, fo im vorherge-
   meldeten Bruche befindlich waren, antraf.
5. Der Johannisbruch lieferte einen fchwarzgrauen Stein, mit
   großen Granaten, bey welchem zugleich eine grüne Art mit bunten Adern brach.
6. Der Zuckerbruch, in welchem ein brauner und ein grünfchuppigter,
   ingleichen ein Schwefel- und Citronengelber Stein mit und ohne
   Granaten befindlich war.

§. 17.

Aus den angeführten Befchreibungen der in diefen Brüchen befindlichen Arten von Serpentinfteinen, dürfte zwar bereits die verfchie-
dene Befchaffenheit derfelben, in Betrachtung ihrer Farben, zu be-
ftimmen feyn; allein man muß dem ohngeachtet diefen Stein, nach feinen Hauptfarben, unter gewiffe Claffen bringen, indem die Farben-
mifchung bey demfelben fo mannigfaltig ift, daß dieferwegen fchwerlich
etwas gewiffes möchte anzugeben feyn. Wenn man daher diejenigen
Farben, welche man an ganzen Stücken antrift, aus welchen etwas
zu fertigen ift, in Betrachtung ziehet, fo giebt es von diefem Steine
hauptfächlich folgende Arten:

1. Der rothe Stein, welcher bald etwas dunkler, bald aber etwas
   lichter ift, wird infonderheit auf dem Churfürftl. rothen Bruche
   gefun-

gefunden, und ist eigentlich ein Regale. Diejenigen Stücken, so eine ganz rothe Farbe haben, sind die schätzbarsten, indem dieser Stein öfters auch mit bräunlichen Streifen und Flecken durchzogen und angefüllet ist.

2. Der gelbe Stein ist gleichfalls entweder lichte oder dunkelgelb, auch öfters mit bräunlichen und schwarzen Flecken, oder mit undurchsichtigen Granaten angefüllet. Im übrigen verliehrt dieser Stein nach und nach einen großen Theil seiner Schönheit, indem seine Farbe immer dunkler und unscheinbarer wird.

3. Der grüne Stein ist niemals ganz grün, sondern öfters mit kleinen schwarzen und weißen Adern durchzogen; inzwischen ist die grüne Farbe desselben ziemlich lebhaft und beständig. Man findet auch bisweilen Steine von Zeisiggrüner Farbe, sie kommen aber nicht nur sehr selten vor, sondern bestehen auch meistentheils in kleinen Stücken.

4. Der graue Stein ist von verschiedener Art, indem man weißgraue, aschfarbene, dunkel- und braungraue Steine findet, welche noch überdieses öfters mit schwarzen Streifen, Adern und Puncten durchzogen und angefüllet sind, wie sie denn auch bisweilen schwarze undurchsichtige Granaten bey sich führen.

5. Der braune Stein hat gleichfalls verschiedene Farben, indem derselbe nicht nur lichte oder dunkelbraun, sondern auch bisweilen schwarzbraun ist, wie denn derselbe überhaupt niemals eine vollkommene braune Farbe hat, sondern insgemein entweder ins graulichte oder röthliche spielt. Im übrigen ist derselbe öfters mit schwarzen Adern durchzogen.

6. Der schwarze Stein wird niemals völlig schwarz, sondern dunkelschwarzbraun gefunden. Er kommt sehr oft in den Brüchen vor, und hat nicht selten schwarze undurchsichtige Granaten bey sich. In Betrachtung seiner feinen Politur unterscheidet sich derselbe von vielen andern Arten des bey Zöblitz befindlichen Serpentinsteins.

Sowohl

❀ (24) ❀

Sowohl diese, als einige andere bereits angeführte Farben, stammen vermuthlich von der diesen Steinen beygemischten Eisenerde her, und man kann hieraus den Schluß machen, daß diese Erde, unter verschiedenen Mischungen, nicht nur eine rothe und grüne, sondern auch eine gelbe und bräunliche Farbe zuwege zu bringen geschickt sey. Wollte man die Frage aufwerfen: **warum sich die blaue Farbe beym Serpentinsteine so selten veroffenbare,** da doch solche bey den eisenhaltigen Erden eben so gewöhnlich, als die grüne zu seyn pflege? so dürften wir wohl die dem Serpentinsteine beygemischte kalische Grunderde, als die Ursache hiervon anzusehen haben, indem durch die Verbindung dieser beyden Erdarten insgemein eine grüne Farbe entstehet.

§. 18.

An eben denjenigen Orten, wo der Serpentinstein bey Zöblitz gebrochen wird, trift man auch einige andere **Arten von Steinen** an, welche sich entweder in die Klüfte der Serpentinsteinbrüche einlegen, oder mit diesem Steine selbst in einer Verbindung stehen. Hieher gehöret:

1. **weißes oder bräunliches Steinmark,** welches sowohl auf den gemeldeten Klüften, als auch im Steine selbst gefunden wird.

2. **Ein grüner blättrigter Stein,** so etwas härter als das Steinmark, und entweder von dunkler oder von lichterer grünen Farbe, und unter dem Namen des Nierensteins bekannt ist.

3. **Verschiedene Arten vom Asbest,** der bisweilen in großen Stücken gefunden wird, welche eine grünliche Farbe und röthliche eisenrostige Flecke haben.

4. **Gewisse Schaalen,** von grauer glänzender Farbe, welche sich in die Klüfte einlegen, einen Klang von sich geben, und bey den dasigen Arbeitern unter dem Namen der Hornsteine bekannt sind.

5. **Der so genannte Topf- oder Lavezstein,** Lapis ollaris, lapis lebetum, von verschiedener Beschaffenheit.

6. Im

6. Im Serpentinsteine selbst kommen verschiedene Arten von Granaten vor, unter welchen einige ziemlich durchsichtig, andere aber
schwarz und spröde sind, dergestalt, daß dieselben beym Bearbeiten dieses Steines gerne ausspringen, und die Arbeit unbrauchbar
machen. Im übrigen führet Hr. Mag. Steinbach noch eine
dritte beym Serpentinsteine befindliche Art von Granaten an,
welche zwar schwarz und undurchsichtig, aber so geschmeidig
seyn sollen, daß sie sich fletschen und hämmern lassen. Hierher
gehöret auch

7. die, gleich neben der Harte und über dem daselbst vorhandenem
Bache befindliche, steile Klippe, welche aus harten schwarzen
Serpentinsteine bestehet, der durch und durch mit großen und ziemlich reinen Granaten angefüllet ist. Von dieser Anhöhe stammen
diejenigen Granaten her, welche man einzeln in dem bey derselben
vorbeyfließendem Bache findet. Ferner trift man

8. in den auf der Harte befindlichen Klüften des Serpentinsteins
kleine rothe, durchsichtige Steine an, welche, in Betrachtung
ihrer Farbe, den Rubinen gleichen. Und endlich habe ich

9. auf den um Zöblitz vorhandenen Feldern Geschiebe von rother
Farbe und von verschiedener Größe angetroffen, welche, dem
Ansehen nach, einem röthlichen, kleinkörnigen Sandsteine gleichten.
Durch Hülfe des Vergrößerungsglases fand ich, daß diese Steine
aus lauter kleinen, halbdurchsichtigen Granaten bestunden, welche
so genau mit einander verbunden waren, daß auch die aus diesen
Steinen gefertigte Platten eine sehr feine und reine Politur an-
nahmen.

§. 19.

Was den in den Zöblitzer Brüchen vorhandenen so genannten
Nierenstein anbelanget; so muß man vermuthen, daß derselbe mit
dem Serpentinsteine in der genauesten Verbindung stehet, oder wohl
gar als eine Art desselben anzusehen ist. Der Hr. Director Marggraf hat im 2ten Theile seiner chymischen Schriften hinlänglich

D   dar-

dargethan, daß dieser Stein nicht nur aus einer lettenartigen, sondern auch aus der im Serpentinsteine befindlichen kalischen Erde bestehe, wie er denn aus demselben, vermittelst des Vitriolöhls, eben sowohl, wie aus dem Serpentinsteine, ein wahres Bittersalz zuwege gebracht hat.

Im übrigen muß ich erinnern, daß man diesen Stein ganz fälschlich mit dem Namen des Nierensteins beleget. Der wahre Lapis nephriticus gehöret zu den halbdurchsichtigen Edelgesteinarten, und ist entweder von lichte oder dunkelgrüner Farbe, wie er denn auch am Stahle Funken von sich streuet: dahingegen der Zöblitzer Nierenstein zu denjenigen lettenartigen Steinverhärtungen zu rechnen ist, welche am Stahle keine Funken von sich geben. Die grüne Farbe dieses Steines stammt nicht, wie einige Schriftsteller behaupten wollen, vom Kupfer, sondern vom Eisen her, welches Hr. Marggraf, am angeführten Orte, gleichfalls erweislich macht. Aus diesen Ursachen kann man dem Hrn. Wallerius nicht beypflichten, welcher diesen Stein zu den Gypsarten zählet, und solchen *Gypsum viride semipellucidum, fossile* nennet.

Ob wir nun zwar den Nierenstein in der Arztneykunst gar füglich entbehren könnten; so wird doch der Zöblitzer Nephrit immer noch in unsern Apotheken, anstatt des wahren Lap. nephritici, verkauft, und folglich der Aberglaube mit der Unwissenheit verbunden.

§. 20.

Von den in den Zöblitzer Serpentinsteinbrüchen befindlichen Asbestarten läßt sich gleichfalls vermuthen, daß dieselben, in Betrachtung ihrer meisten Bestandtheile, von dem Grundstoffe des Serpentinsteins entstanden sind. Der Hr. Director Marggraf hat in dem Bergreichensteiner Amianthe nicht nur die gemeldete kalische Erde gefunden, sondern auch ein Bittersalz aus demselben zubereitet, und der Hr. Bergrath Lehmann hat aus den mit eben diesem Steine unternommenen Versuchen, die sich in seinen physikalisch=chymischen

Schrif-

Schriften befinden, geschloſſen, daß dieſer Amianth aus einer thonartigen, aus einer kalkiſchen und aus einer Eiſenerde beſtehe.

Da nun unſer Asbeſt von dem ſo genannten Amianthe in keinem
Stücke unterſchieden iſt, als daß der letztere biegſame Faſen hat, und
da über dieſes, nach dem Zeugniſſe des Hrn. Mag. Steinbachs, in
den Serpentinſteinbrüchen ebenfalls Amianth gefunden wird; ſo iſt es
ſehr wahrſcheinlich, daß derſelbe, in Anſehung ſeines Grundſtoffes,
mit dem Serpentinſteine in der größten Verbindung ſtehet, wie ſich
denn der Zöblitzer Asbeſt nicht nur im Feuer verhärtet, ſondern auch
am Brennſpiegel in ein grünliches Glas zuſammenſchmelzt.

Man findet von dieſem Steine bisweilen Stücken, welche eine
halbe Elle lang und ziemlich ſtark ſind. An den meiſten beobachtet man
ein feſtes, grobſtrahligtes Gefüge, daher ſie auch öfters eine beſſere
Politur, als der Serpentinſtein annehmen, und ſich alsdenn nicht nur,
vermittelſt ihrer dunkelgrünen Farbe, ſondern auch hierinnen von den
gewöhnlichen Serpentinſteinarten unterſcheiden, daß die aus dergleichen
Steine gefertigte Plättchen einen halbdurchſichtigen grüngefärbten
Horne gleichen. Dieſer Asbeſt verbindet ſich auch bisweilen mit verſchiedenen Serpentinſteinarten, indem er ſich Trum- und Streifenweiſe
in dieſelben einlegt, da er ſich denn, durch ſeine ſtrahligte Beſchaffenheit,
kenntlich macht.

§. 21.

Die in den Klüften des Serpentinſteingebürges befindlichen
grauen Schaalen verrathen durch den Klang ihre Beſchaffenheit,
und es iſt ſehr wahrſcheinlich, daß dieſelben aus einer gewiſſen Erzart,
vermuthlich aber aus einem derben Eiſenkieſe oder Miespikel beſtehen
mögen, zumal da man dieſes Erz bisweilen im Serpentinſteine ſelbſt,
als kleine Adern und Trümchen anſichtig wird, die ſich, bey der Bearbeitung und Politur deſſelben, durch ihren Glanz deutlich zu erkennen
geben. Die Grunderde des Eiſens legt ſich in den Serpentinſteinbrüchen auf mancherley Weiſe an den Tag, und es iſt dahero zur Er-

zeu-

zeigung dieser Erzart nichts, als der Zutritt des brennbaren Wesens
oder des Arseniks erforderlich. Aus dieser Ursache dürften auch wohl,
nach dem Unterschiede dieser Mischung, noch einige andere Arten von
Eisenerzen beym Serpentinsteine statt finden, wovon sich aber, aus
Mangel hinlänglicher Erfahrung, nichts gewisses bestimmen läßt.
Im übrigen wären diese Schaalen billig einer genauern Untersuchung
zu würdigen, indem die eigentliche Beschaffenheit und der Gehalt derselben, so viel ich weis, noch nicht völlig bekannt ist.

§. 22.

Der Lebes- oder Lavezstein, Lapis ollaris, kommt in den
Zöblitzer Brüchen unter zweyerley Abänderungen vor. Die eine Art
ist von weißblaulicher Farbe, von einem blättrigten Gefüge, von
ziemlicher Festigkeit, und in dünnen Stücken halbdurchsichtig. Sie ist
insgemein mit schwarzen dunkeln Granaten angefüllet, und läßt sich
schlüpfrigt und seifenartig anfühlen. Die andere siehet graugrünlich
aus, ist von einem körnigten Gefüge und voller Risse, daher sie sich
auch nicht gut bearbeiten läßt.

Man kann den Lebesstein, in Betrachtung seiner Beschaffenheit,
zu keiner andern Classe von Steinen, als zu den weichern Serpentinsteinarten zählen; denn ob derselbe gleich keine Politur annimmt, so erlangt er doch, wie alle lettenartige Steinverhärtungen, im Feuer einen
grössern Grad der Härte und Festigkeit, daher Wallerius denselben
mit dem Serpentinsteine verbindet, und solchen *Ollarem solidum,
griseum, pinguem, polituram non admittentem*, nennet. Der Hr.
Prof. Pott schließt aus den mit diesem Steine und verschiedenen
Specksteinarten unternommenen Versuchen, auf der 90ten S. seiner
Fortsetzung der Lithogeognosie, daß der Serpentinstein für eine Art
des Topsteines zu halten sey.

Im übrigen versichert uns nicht nur Scheuchzer, in seiner Naturhistorie des Schweitzerlandes, sondern auch Burnet, in seiner
Reise durch die Schweiz, Italien, Deutschland und Frank-
reich,

reich, daß dieser Stein im Graubündischen auf einer hierzu errichteten Mühle, vermittelst spitziger eiserner Werkzeuge, und, wie sich Burnet ausdrückt, vermittelst eines an das Rad dieser Mühle befestigten Schnitzers, ausgedrehet wurde, welches mit so leichter Mühe geschehen soll, daß derjenige, so das Werk dirigirt, nach eigenem Gefallen, das Rad von dem Triebe des Wassers augenblicklich befreyen kann.

§. 23.

Wir kommen nunmehro auf die Betrachtung der im Serpentinsteine befindlichen Granaten von verschiedener Art. Die Untersuchung dieser Steine giebt hinlänglich zu erkennen, daß der Grundstoff derselben mit den Bestandtheilen des Serpentinsteins, in den meisten Stücken übereinkommt; indem nicht nur die Zdblitzer, sondern auch alle übrige Arten von Granaten aus einer kieselartigen und einer kalischen Erde bestehen, welche beyde mit der Grunderde des Eisens verbunden sind.

Die kieselartige Erde legt sich nicht nur durch die Beschaffenheit dieser Steine an den Tag, sondern sie veroffenbart sich auch vermittelst der Zubereitung der so genannten Granatflüsse, indem zu dieser Absicht vornemlich ein reiner Quarzsand, oder der Quarz selbst, erforderlich ist. Daß aber diese Erde ursprünglich in einer feinen Thonerde zu suchen sey, läßt sich hieraus abnehmen, weil alle durchsichtige Edelgesteine in thonartigen Gebürgen erzeuget und gefunden werden, wie man denn auch aus einer reinen Thonerde, vermittelst der Chymie, eine vitrescible Erde abscheiden kann, welches die von dem Hrn. Director Marggraf mit verschiedenen thonartigen Steinen angestellte Versuche sattsam erweislich machen, und wovon wir an unserm Serpentinsteine den deutlichsten Beweis haben, indem sich die aus demselben abgesonderte kieselartige Erde, durch den Zusatz des Weinsteinsalzes, im Schmelzfeuer in ein schönes klares, wohlgeflossenes grünliches Glas verwandelte.

Die

Die kalische in den Granaten befindliche Erde verräth sich, wenn man das Pulver von denselben mit reinen Salmiake vermischet, da sich denn nicht nur sogleich ein flüchtiger urinöser Geruch äußert; sondern man erlanget auch, beym Uebertreiben dieser Vermischung, etwas von einem flüchtigen Uringeiste, welcher den mit Wasser aufge-lößten Queckfilber-Sublimat, als ein weißes Pulver, niederschlägt, welches alles nicht erfolgen könnte, wenn sich der in den Granaten vorhandene kalische Bestandtheil dem Salmiake nicht zugesellte.

Die Eisenerde ist zwar bey den Granaten in keiner so großen Menge vorhanden, daß sich, beym Schmelzen derselben, ein Eisenkönig absetzen sollte, sie verräth aber ihre Gegenwart durch mehr als ein Kennzeichen. Die Granaten verwandeln sich nicht nur am Brenn-spiegel in eine dunkelgraue eisenhaltige Schlacke, sondern man erlanget auch, wenn das Pulver derselben eine Zeitlang mit der Vitriolsäure infundirt worden, eine pfirschblüthfarbene Solution, welche durch den Zutritt der Blutlauge, ein sehr schönes blaues Präcipitat fallen läßt. Legt man in eben diese Solution etwas reinen Zink, so senkt sich das aufgelößte Eisen, unter der Gestalt zarter schwarzer Flecken, zu Boden. Wenn man Granaten mit gleichen Theilen vom Borax zusammen-schmelzt, so bekommt man ein sehr schönes grünes Glas, dessen Farbe von nichts andern, als von der in den Granaten befindlichen Eisenerde abstammet, welches der Hr. Director Marggräf auch von dem aus dem Serpentinsteine gefertigten Glase angemerket hat. Und endlich lassen sich aus den mit einer brennbaren Materie calcinirten Granaten, vermittelst des Magnets, wirkliche Eisentheilchen absondern, welches sich am meisten bey den mit den schwarzen undurchsichtigen Zöblitzer Granaten unternommenen Versuchen veroffenbaret.

Was die von dem Hrn. Mag. Steinbach angeführten Gra-naten anbelanget, welche sich bisweilen in den Serpentinstein sollen einlegen, und wie ein Metall fletschen und hämmern lassen; so muß ich zwar gestehen, daß ich dieselben, ohngeachtet ich die Zöblitzer Ge-gend einigemal besucht, nicht habe ausfindig machen können; ich zweifle aber

aber nicht an der Wahrheit dieses Vorgebens, und es verdienten diese Körner billig einige Untersuchung, indem sie vielleicht die Gegenwart des gewachsenen Eisens in den dasigen Brüchen erweislich machen dürften.

§. 24.

Hieraus erhellet nunmehro die große Verwandschaft der in und bey dem Serpentinsteine befindlichen Dinge, dergestalt, daß man auf keine andere Gedanken gerathen kann, als daß die Grundtheile dieses Steines den Stoff, zur Erzeugung der in dem Serpentinstein-Gebürge vorhandenen übrigen Steinarten, hergegeben. Die Granaten sind vermuthlich zu derjenigen Zeit hervorgebracht worden, da sich dieses Gebürge, nach seiner Zusammenhäufung, in einem weichen Zustande befunden, woran man an den Anhöhen desselben die deutlichsten Spuren ansichtig wird.

§. 25.

Nunmehro muß ich auch vom Brechen, und von der Bearbeitung unsers Serpentinsteins etwas gedenken. Ich will hiervon dasjenige kürzlich anzeigen, was mir dieserwegen bekannt geworden ist.

Beym Brechen dieses Steines gehet man, mit einer Grube, vom Tage nieder, welche, nach der Menge der ausgebrochenen Steine, immer weiter und tiefer wird. Man verfähret daher in diesem Stücke fast eben so, wie beym Brechen der so genannten Bruch- und anderer gemeinen Steine; und folglich hat man auch, bey dieser Arbeit eben diejenigen übeln Folgen zu befürchten, welchen die meisten gemeinen Steinbrüche unterworfen sind. Ich will nicht gedenken, daß man, auf diese Weise, den Stein nicht füglich nach den Klüften und Ablösungen zu gewinnen im Stande seyn möchte, und daß man daher gar selten Stücke von beträchtlicher Größe erlangen wird; sondern ich will nur dieses anführen, daß man, bey dieser Arbeit,

besorgt

beforgt ſeyn muß, von dem zufließenden Tagewaſſer aus den Brüchen gerrieben zu werden: wie ſich denn auf der gedachten Harte bereits ſehr viele Brüche befinden, welche völlig mit Waſſer angefüllet ſind.

§. 26.

Wenn man, auf dieſe Weiſe, eine hinlängliche Menge Steine gebrochen hat, ſo werden dieſelben, nach den vorhabenden Abſichten, aus dem gröbſten bearbeitet, und alsdenn auf der Drechſelbank abgedrehet. Diejenigen Stücken, welche zu Platten, Wärmſteinen und andern dergleichen Geräthſchaften dienlich ſind, bearbeitet man, vermittelſt der ſo genannten Pillen, aus freyer Hand; jedoch müſſen diejenigen Steine, welche ¼ Elle breit, und eben ſo hoch ſind, ausgehalten und, als ein Regale, an den daſigen Churfürſtl. Serpentinſtein=Inſpector abgegeben werden.

Sowohl das Anſchleifen, als auch das Poliren der gefertigten Arbeit geſchiehet mit einem zarten, weißlichen oder bläulichen Sandſteine, welcher unweit Zwickau gefunden, und von dar nach Zöblitz geſchafft wird.

Dieſes alles wird von den in Zöblitz befindlichen Serpentinſtein-Drechslern verrichtet, welche, unter der Aufſicht des daſigen Churfürſtl. Serpentinſtein=Inſpectors, eine gehörige Zunft ausmachen, die mit verſchiedenen Privilegien begnadiget iſt, wie denn das Städtchen, ſchon vor vielen Jahren, das Privilegium monopolii, wegen der aus dem Serpentinſteine gefertigten Arbeit, erhalten hat, dergeſtalt, daß dieſer Stein an keinem andern Orte in Sachſen kann verarbeitet werden.

§. 27.

Wenn man alles dasjenige, was von dem Zöblitzer Serpentinſteine angeführet worden, in gehörige Betrachtung ziehet; ſo wird man finden, daß nicht nur beym Brechen, ſondern auch bey der Bearbeitung dieſes Steines, noch verſchiedene vortheilhafte

Ver!

Verbeſſerungen ſtatt finden dürften, ja daß wohl gar, in einigen
Fällen, aus der angezeigten Beſchaffenheit deſſelben, noch anſehnliche
Vortheile, zur Verbeſſerung dieſes Gewerbes, möchten zu ent-
decken ſeyn.

§. 28.

Für allen Dingen ſollte man ſich angelegen ſeyn laſſen, das
Brechen dieſes Steines beſſer und nach bergmänniſcher Art zu
unternehmen, da denn daſſelbe entweder, vermittelſt angebrachter
Röſchen, oder auf eine andere hierzu taugliche Weiſe, geſchehen
könnte. Hierdurch würde man ſich nicht nur für das einbringende
Waſſer in Sicherheit ſetzen, ſondern es möchten auch wohl alsdenn,
wenn der Stein ganz, und nach den vorkommenden Klüften könnte
gewonnen werden, öfters größere und anſehnlichere Stücken zu
erhalten ſeyn: da man hingegen, bey der gegenwärtigen Art dieſen
Stein zu brechen, in den künftigen Zeiten, den Untergang dieſes für
Zöbliz ſo vortheilhaften Handels zu beſorgen hat.

§. 29.

Was das Drechſeln dieſes Steines anbelanget, ſo iſt man
zwar, ſeit einigen Jahren, befliſſen geweſen, die aus dem Serpentinſteine zubereitete Arbeit viel beſſer und geſchickter, als ehedem zu verfertigen; dem ohngeachtet aber iſt man bey dieſem Unternehmen noch
lange nicht zu denjenigen Grade der Vollkommenheit gelanget, welcher
erforderlich iſt, wenn die ausgearbeitete Stücken die Eigenſchaften
einer ſchönen, oder einer künſtlichen Arbeit erlangen ſollen.

Man behält, in den meiſten Fällen, immer noch einerley, und
faſt durchgängig die ſchlechteſten und gewöhnlichſten Formen. Alle
aus dieſem Steine gedrechſelte Büchſen, Theegeſchirre und andere
Gefäße haben faſt einerley Geſtalt; da ſich doch ſehr viele Abänderungen
damit könnten machen laſſen, welche alle gar füglich auf den in Zöbliz
gebräuchlichen Drechſelbänken könnten bewerkſtelliget werden.

E　　　　　　　　　　Mit

Mit dem Feindrechseln hat es fast eine gleiche Bewandniß. Man läßt der Arbeit zu viel Stein, da man doch das Zerbrechen derselben eben nicht zu sehr dürfte zu befürchten haben.

Das künstliche Drechseln will ich nicht einmal in Erwägung ziehen, ungeachtet ich versichert bin, daß das so genannte Baßig-Drechseln bey diesem Steine eben so wohl, wie beym Meßinge und Helfenbeine statt finden möchte, wenn sich nur einige Meister hierauf legen, und sich eine hierzu erforderliche Drechselbank anschaffen wollten.

Da wir überdieses wissen, daß der Lebesstein, in der Schweitz, auf einer hierzu errichteten Mühle bearbeitet wird, so kann man fast nicht zweifeln, daß dergleichen Einrichtung, beym Serpentinstein-Drechseln gleichfalls mit vielen Vortheilen möchte anzubringen seyn; indem hierdurch die Arbeit nicht nur erleichtert, sondern auch viele Zeit erspahret werden könnte. Ich glaube, daß es eben nicht schwer fallen dürfte, eine solche Mühle mit wenigen Unkosten anzulegen, welche zehen, zwölf und mehrere Werkstädte treiben könnte: zumal da bey Zöblitz weder die Gelegenheit solches zu bewerkstelligen, noch das hierzu erforderliche Wasser mangelt.

Und endlich weis ich nicht, warum sich, bey der aus dem Serpentinsteine gefertigten Arbeit, nicht auch, vermittelst des Meißels und des Grabstichels, verschiedene erhabene Verzierungen sollten anbringen lassen; ja warum man aus diesem Steine nicht Statuen, Vasen und andere zu Auffätzen erforderliche Geräthschaften verfertiget, welches doch eben so wohl, wie beym Marmor und beym Japanischen Specksteine, sollte möglich zu machen seyn. Vielleicht würd man wider dieses alles nichts weiter einzuwenden haben, als daß man sagt: dergleichen Arbeit sey nicht gebräuchlich, welches aber insgemein diejenige Entschuldigung ist, welche den meisten Künstlern die größten Hindernisse in den Weg leget, in ihren Handthierungen weiter zu kommen.

§. 30.

§. 30.

Da es bekannt ist, daß der Serpentinstein im Glühfeuer einen größern Grad der Härte erlanget; so könnte man sich vermuth-lich auch diesen Erfolg zu Nutze machen. Denn da die auf solche Weise behandelte Stücken eine viel reinere und hellere Politur anneh-men müssen, so würden dieselben auch viel theurer zu verkaufen seyn. Man hat dieses Unternehmen, bereits an verschiedenen Orten, mit dem so genannten Speck- oder Seifensteine, mit dem glücklichsten Erfolge ins Werk gerichtet, und die ausgeglühten Stücken so weit gebracht, daß sie, wie der Jaspis, am Stahle Funken von sich geben. Der Herr Prof. Pott benachrichtiget uns, auf der 87ten und folgenden S. seiner Fortsetzung der Lithogeognosie, daß man aus diesem Steine, bey Wohnsiedel, Krüge, Butterbüchsen ingleichen Thee- und Coffeegefäße verfertiget, und denselben nach-gehends, vermittelst des Ausglühens, eine beträchtliche Härte giebt.

Diejenigen Versuche, welche ich, in dieser Absicht, mit dem Serpentinsteine unternommen habe, sind mir selten fehl geschlagen; daher ich glaube, daß dieses Unternehmen gar füglich dürfte zu bewerk-stelligen seyn, wenn man nur hierbey das Feuer gehörig zu regieren weis; indem dieser Stein, widrigen Falls, leicht Risse bekommt, oder wohl gar zerspringt.

Die natürliche Farbe des Serpentinsteins gehet zwar beym Aus-glühen verlohren; sollte man aber dieses wohl für einen Erfolg von Wichtigkeit anzusehen haben? Die Farben dieses Steins sind von keiner allzugroßen Schönheit, und überdieses erlangt der braune und graue Stein im Feuer eine angenehme gelbe, oder braun-gelbe Farbe.

§. 31.

Da wir ferner wissen, daß die mineralischen sauern Geister unsern Serpentinstein angreifen, und dessen Farbe verändern; so müssen wir auf die Gedanken geleitet werden, daß man durch dieses

Mittel,

Mittel, diesem Steine eben so gut, wie dem Marmor verschiedene Farben zu geben, im Stande seyn möchte, welches in so weit einige Vortheile verschaffen könnte, da die natürlichen Farben dieses Steines insgemein dunkel, oder doch nicht recht lebhaft sind.

Durch das Scheidewasser, in welchem etwas Silber aufgelößt war, und das ich ungefähr acht Tage in einem Mörser von Serpentinsteine hatte stehen lassen, war die bräunliche Farbe dieses Steins in eine angenehme Strohfarbe verwandelt worden, und als ich hierauf den Mörser, an diesem Orte, mit einer aus Scheidewasser und gereinigten Grünspahne zubereiteten dünnen Masse bestrich, nahm er, in dieser Gegend, eine schöne blaugrüne Farbe an, wobey die in denselben befindlichen Granaten eine lichtgraue Farbe behielten.

Auf diese Weise dürfte es nicht schwer fallen den Serpentinstein auf verschiedene Art zu färben; indem man leicht einsiehet, daß das ganze Verfahren hauptsächlich hierauf ankommt, daß man diesem Steine, vermittelst eines sauern mineralischen Geistes, seine Farbe nehme, und denselben nachgehends, zu verschiedenen Maalen, mit einer in eben dergleichen Liquor aufgelößten Farbe bestreiche, welche jedoch von der Beschaffenheit seyn muß, daß sie von der Säure desselben nicht verändert werde, und überdieses leicht in die Zwischenräume des Steines einbringet.

Vermittelst des Wachses und der mineralischen sauern Geister lassen sich gleichfalls verschiedene Zeichnungen auf diesen Stein bringen, indem die mit geschmolzenen Wachse bedeckten Orte vom Scheidewasser und andern sauern Geistern unberührt bleiben, und ihre natürliche Farbe behalten; da hingegen an den übrigen Orten die Farben dieses Steins dadurch verändert werden.

Im 1sten Stücke des 22sten Bandes des Hamb. Mag. befindet sich eine Abhandlung, welche aus dem 23. *Tome* des *Nouvelliste oeconomique et litteraire* genommen ist, in welcher die Art bekannt gemacht wird, wie man den Marmor auf verschiedene Weise färben kann. Ich zweifle gar nicht, daß die daselbst angegebenen Vortheile,

unter

unter einer kleinen Veränderung, auch, beym Serpentinsteine eine Stelle finden möchten. Unsere Versuche entdecken uns, bey derglei=chen Unternehmungen, immer etwas Neues, und durch die Uebung gelanget man zu demjenigen Grade der Vollkommenheit, welcher zu einem vortheilhaften Gewerbe erforderlich ist.

Die Kunst die Steine und den Marmor zu färben, ist bereits in den ältesten Zeiten bekannt und gebräuchlich gewesen. Plinius sagt hiervon in seiner *Hist. mundi* *): Man hat auch angefangen den Marmor zu färben, und ist diese Kunst unter der Regie=rung Kaysers Claudius erfunden worden ꝛc.

§. 32.

In einer wohl eingerichteten Fabrique ist man nicht nur beflis=sen neue Vortheile zu erlangen, sondern man ist auch darauf bedacht, wie man alles dasjenige, was für unnütze gehalten wird, dennoch zu etwas brauchbaren anwenden möge. Es entstehet daher die Frage: Sollten die beym Bearbeiten und Drechseln des Serpentin=steins erhaltene Abgänge nicht auch zu einem nützlichen Gebrauche anzuwenden seyn?

Ich habe in dieser Absicht das Pulver von diesem Steine mit guten Töpferthone, unter verschiedenen Verhältnissen, vermischen, und aus der Masse einige Geschirre formen und brennen lassen. Diese Gefäße waren nicht nur sehr feste und leicht, sondern es erlangte auch die auf dieselben gesetzte Glasur einen voll=kommenen Glanz. Sollten daher die in der Zöblitzer Gegend befind=lichen Töpfer diesen Vortheil nicht zu ihrem Nutzen anwenden können? ich zweifle gar nicht hieran, wenn nur dießfalls die erforderlichen Anstalten getroffen würden.

E 3 Im

---

*) Lib. XXXV. Cap. 1. Coepimus et lapidem pingere. Hoc Claudii principatu inventum etc.

Im übrigen ist zu vermuthen, daß dieser Staub, unter gewissen Umständen, insonderheit aber bey einem leichten und sandigen Boden, ein gutes Düngungsmittel abgeben möchte. Die Beschaffenheit seiner angeführten Bestandtheile lassen solches wenigstens vermuthen. In der practischen Haushaltung muß man nichts unversucht lassen, wenn uns auch nur der geringste Schein eines hierdurch zu erlangenden Vortheils, zumal bey der Verbesserung unserer Felder, hierzu Anlaß geben sollte.

§. 33.

Wir haben oben gemeldet, daß sich der Serpentinstein im Schmelzfeuer, in eine schwarze Glasartige Masse verwandelt, und der Hr. Prof. Pott versichert, daß er, vermittelst einiger Zusätze, aus unserm Serpentinsteine ein derbes schwarzbraunes Glas zubereitet habe. Vermuthlich möchten auch auf diese Weise von den Ueberbleibseln des Zöblitzer Steines einige Vortheile zu erlangen seyn, da zumal die Werkstädte der dasigen Steindrechsler mit diesen Abgängen im Ueberflusse versehen sind.

Im Bayreuthischen soll man eine gewisse Art von einem grauen Serpentinsteine finden, aus welchem man, weil er etwas weicher, als der Zöblitzer Stein, und daher zum Verarbeiten nicht tauglich ist, ein schwarzes Glas, und aus diesem sehr schöne Corallen und Steine zu Rosenkränzen verfertigen. Dieses Unternehmen soll, wie man mich berichtet hat, so viel einbringen, daß viele Personen ihre hinlängliche Nahrung darbey finden.

Der Hr. Prof. Vogel führt auf der 190ten S. seines Mineralsystems gleichfalls einen schwarzgrauen, weiß gesprengten Stein an, der in den Mansfeldischen, in großen Stücken, gefunden wird, und unter dem Namen des Paterlesteins bekannt ist. Dieser Stein soll im Feuer fließen, und man soll nachgehends aus demselben Knöpfe zu Rosenkränzen, oder Paternoster verfertigen.

Gesetzt

Gesetzt auch, daß unser Serpentinstein zu dergleichen Arbeit etwas zu strengflüßig seyn sollte; so ist doch bekannt, daß derselbe, durch den Zusatz des Eisens, gar leicht im Fluß zu bringen ist, und daß man alsdenn aus solchem ein sehr derbes, schwarzes Glas erlanget.

§. 34.

Wenn wir vom Hrn. Director Margraf, durch die mit unserm Serpentinsteine unternommenen Versuchen, vergewissert worden, daß ein Theil dieses Steines in derjenigen Erde bestehet, welche beym Bittersalze die Grunderde ausmacht; und wenn wir nicht zweifeln dürfen, daß derselbe so gar aus dem Serpentinsteine, vermittelst der Vitriolsäure, ein Bittersalz zubereitet hat; so sollte uns dieses veranlassen, diesem uns gezeigten Wege weiter nachzugehen, um zu sehen, ob sich nicht aus den Ueberbleibseln desselben dieses in der Arzneykunst so unentbehrliche Salz, in mehrerer Menge, möchte zubereiten lassen. Und gesetzt auch daß hierbey kein Gewinst zu hoffen wäre, so dürften doch, bey dieser Arbeit, zugleich einige andere Arzneymittel zu erhalten seyn, welche die dießfalls aufgewannte Unkosten zum Theil ersetzen hülfen. Denn da wir wissen, daß die Grunderde des Bittersalzes eben diejenige zarte Erde ist, welche, in unsern Apothecken, aus der so genannten Mutterlauge des Salpeters oder des Kochsalzes zubereitet, und unter dem Namen der *Magnesiae nivri* verkauft wird; so dürfte vielleicht auch die im Serpentinsteine befindliche Erde die Stelle sowohl dieser, als der aus dem Bittersalze niedergeschlagenen *Magnesiae Edimburg.* vertreten. Da uns ferner bekannt ist, daß diese Erde aus dem Serpentinsteine, vermittelst der Vitriolsäure, muß abgeschieden, und durch das vegetabilische Laugensalz, aus der Solution nieder geschlagen werden, so ist leicht einzusehen, daß aus der rückständigen Lauge ein Mittelsalz zu erhalten sey, welches in allen Stücken dem *Tartaro vitriolato* gleich kommen wird.

Wie

Wie man bey der Zubereitung des Bittersalzes aus dem Serpentinsteine zu verfahren habe, läßt sich aus den vom Hrn. Director Margrafen unternommenen Versuchen ersehen, welche im 2ten Theile seiner chymischen Schriften befindlich sind. Vielleicht wäre auch diese Absicht durch einen nähern Weg, und durch wohlfeilere Mittel zu erlangen; da man zumal weis, daß das so genannte Englische Salz, so in unsern Apothecken verkauft wird, gleichfalls ein durch die Kunst verfertigtes Product ist, welches man aus der *Muria* des Seesalzes, aus gebrannten Vitriole, und aus der beym Vitriolsieden rückständigen Lauge zubereitet. Es stünde daher zu versuchen, ob das Pulver vom Serpentinsteine nicht die Stelle der Muriae des Seesalzes vertreten möchte; indem dieselbe, bey dieser Bearbeitung, die Grunderde des Bittersalzes hergiebt, da hingegen die beyden übrigen Zusätze nur als Auflösungsmittel anzusehen sind.

Aus diesen Ursachen sollte man die bey Zöblitz vorhandene Quellen gehörig untersuchen, um zu sehen, ob sich nicht in einigen von denselben Spuren von Bittersalze veroffenbahren möchten: weil in dieser Gegend schon ehedem, und zwar sowohl bey Marienberg, als auch bey Olbernhau, einige Quellen unter dem Namen der Gesundbrunnen bekannt gewesen sind.

§. 35.

So könnte auch der so wohl bey Zöblitz, als im Schmiedefelder Walde, ohnweit Suhl befindliche Topfstein, Lapis ollaris, *) zu einem sehr vortheilhaften Gewerbe Anlaß geben, welches ich aber erweislich zu machen für überflüßig halte, indem der gegenwärtige Aufseher der hiesigen Churfürstl. Naturalienkammer, der Herr Bergrath Eilenburg, die Beschaffenheit und den Nutzen, der durch

---

*) Hiervon ertheilet Mylius, im 1. Theile seiner Memorabil. Sax. subterr. auf der 62sten S. Nachricht.

durch die gehörige Gewinnung und Bearbeitung dieses Steines, zu
erlangen seyn dürfte, in der folgenden kurzen Abhandlung, welche
derselbe, voriges Jahr, der hochansehnlichen Leipziger ökonomischen
Societät überreichet, und solche hier anzufügen erlaubet hat, schon
sattsam dargethan.

§. 36.

Endlich könnte man auch mit den in den Zöblitzer Brüchen
befindlichen durchsichtigen Granaten, ingleichen mit den Rubin-
artigen Steinen, welche in den Klüften dieses Gebürges vorkom-
men, einen Versuch machen, um zu sehen, ob das Ausschlagen und
Aufsuchen derselben die hierbey gehabte Mühe und Arbeit nicht bezah-
len möchte. So viel ist gewiß, daß derjenige Stein, welcher in der
angezeigten, neben der Harte befindlichen Serpentinsteinklippe bricht, und
mit den reinsten Granaten angefüllet ist, eine bessere Aufmerksamkeit
verdienen möchte. Ich weis wohl, daß derselbe, wegen seiner Härte,
auf der Drechselbank nicht zu bearbeiten ist: da aber diejenigen Platten, so ich aus demselben verfertigen lassen, von besonderer Schönheit sind, und überdieses, die in diesem Steine vorhandene Granaten
vieles zu dessen Zierde beytragen; so dürfte derselbe wohl von den
Steinschneidern, zu verschiedenen Dingen, mit vielen Vortheilen zu
nutzen seyn, da man zumal beträchtliche Stücken von demselben haben
kann, welche zu Tischplatten, und zu anderer großen Arbeit könnten
angewendet werden.

Diese Anhöhe scheinet bereits dem Albinus bekannt gewesen
zu seyn, indem derselbe auf der 169sten S. seiner Meißnischen
Bergchronicke sagt: bey Zöbliß, neben dem Schlangensteine,
über dem Bache, bricht ein schwarzer Kalkstein, in welchem
Granatsteinlein sind.

§. 37.

Von dem Nutzen und Gebrauche des Serpentinsteins in der
Arztneykunst, und von den aus demselben ehedem gefertigten Mitteln,
will ich gegenwärtig nur dieses berühren, daß man in den vorigen

Zeiten

Zeiten aus diesem Steine nicht nur ein Pflaster, sondern auch Pillen und eine Tinctur zubereitet, und in verschiedenen Fällen gebraucht hat. Es sind aber diese Dinge, nachdem man von der nichtigen Wirkung derselben überzeuget worden, nach und nach abgeschafft worden, und endlich gar in Vergessenheit gerathen. Wer inzwischen einige Nachricht davon zu haben verlanget, der kann die mit diesen Mitteln ausgegebenen deutschen und lateinischen Zettel, in des Pastor Lehmanns historischen Schauplatze der natürlichen Merkwürdigkeiten des Meißnischen Ober=Erzgebürges nachlesen.

Anhang,

worauf sich der Herr Verfasser der vorhergehenden Abhandlung, auf dem Titelblatte, und auf der 40sten Seite bezogen hat.

Da der Labetzstein unter die nützlichsten Foßilien gehöret, so muß man sich billig wundern, daß derselbe fast nirgends aufgesucht, und der eben so große, als mannigfaltige Vortheil, den man davon erlangen kann, vornehmlich den Schweitzern überlassen wird. Denn obgleich der berühmte Scheuchzer in den Gedanken gestanden, daß derselbe nur in der Schweiz zu finden wäre; *) so hat doch die Erfahrung gelehret, daß diese besondere Steinart auch in Schwe-

*) Siehe dessen Beschreibung der Naturgeschichten des Schweitzerlandes, und zwar die 177ste Seite im ersten Theile.

Schweden, *) ja so gar in unserm geliebten Sachsenlande vorhanden ist: wovon ich, in dem hiesigen Churfürstl. Mineralien-Cabinete, an zween eingeschickten Keßeln, einen klaren Beweis darlegen kann. Weil aber die natürliche Beschaffenheit dieses Steines den allermeisten eben so unbekannt seyn dürfte, als die Art und Weise, wie derselbe verarbeitet und worzu er gebraucht wird; so will ich die nöthigsten Nachrichten davon hersetzen, und am Ende zeigen, daß der in Sachsen befindliche Lavetzstein mit eben so großen Nutzen, als in der Schweitz geschiehet, gebrauchet und an auswärtige Orte verkauft werden könnte.

Was also erstlich die natürliche Beschaffenheit dieses ganz besondern Foßils anbelanget, so bestehet daßelbe in einem sehr dichte zusamme gewachsenen, mehrentheils weißgräulichen, oder vielmehr weißblaulichen Speckſteinartigen Schieferſteine, der sich, mit leichter Mühe, zu allerhand Hausgeräthe verarbeiten läſſet, und im Feuer weder springt, noch sonst eine Veränderung dadurch leidet.

Man hat ihm vielerley Namen gegeben. Plinius, Scaliger und andere lateinische Schriftsteller nennen ihn Lapis Commenſis, Ollaris

*) Bey Handöl, in Jemtland, schreibt der Herr von Bromell, in seiner *Mineralogia et Lithographia Suecana*, wird ein Stein gebrochen, woraus nicht allein Pfannen, Häfen und allerhand Küchengeräthe, sondern auch Feuerheerde, Kachelöfen und Mauerſteine verfertiget werden. Ich zweifle aber nicht, führt er fort, daß diese Steinart nicht auch sollte zu Ziegeln und Scherben ꝛc. in den Schmidtäſſen und Defen dienen können. Eine andere, etwas gröbere, lichtgraue Art wird auch in dem Kieremecki Kirchſpiele, in Savolar, und in Nerkie, bey Nagrikens Kupfergrube gefunden. Von Wermeland aber und von den Sahlbergsgruben habe ich eine Probe von einer weit schönern grünlichen und halb durchſichtigen Art bekommen, welche, wegen ihrer Weiche und Reinlichkeit, zu allerhand Hausgeräthe über die Maaßen dienlich zu seyn scheinet, woferne man nur mehrere und größere Stücken davon bekommen könnte.

F 2

Ollaris lapis, auch Lapis lebetum, und geben zugleich die Ursachen jeder Benennung an, bey welchen sich hier zu verweilen ganz
unnöthig ist. In des schon erwähnten Scheuchzers *Oryctographia*
Helvetiae kommt derselbe, auf der 113ten Seite, unter dem
Namen Lavetzstein vor, und auf der 178sten Seite der Naturgeschichten des Schweitzerlandes schreibt er:

> Der heutige Name, damit man unsere vorhabende Steine
> und die daraus gemachten Geschirre beleget, ist Laveggi,
> Lavezzi, Lawezi, Lawezen und Lavege; wiewohl die
> Steine selbst, zum Unterschiede, Pietri di Lavezzi genennet
> werden. Diese Worte aber kommen her, von lebes, lebe-
> tis, lebetes, welches einen Topf oder Hafen bedeutet. Es
> heißt dieser Stein auch Ollaris lapis, oder Lebetum lapis,
> weil daraus gedrechselt werden Krüge, Töpfe ꝛc.

Und wenn der Herr von Bromell, in seiner bereits angeführten Abhandlung der im Königreiche Schweden befindlichen
Mineralien, auf diese Steinart zu reden kommt, sagt er: Sie ist
bey uns unter dem Namen Talg- oder Telgstein bekannt; außer-
halb Landes aber wird dieselbe Topf- oder Grytstein genennet.
Eben dieser Schriftsteller berichtet zugleich, daß die daraus verfertigten Töpfe und Pfannen weit weniger Feuer und Hitze bedürften,
als andere irdene und eiserne Gefäße, und daß die Speisen, so
darinne gekocht würden, einen viel angenehmern Geschmack, als
sonst bekämen. Der zuletzt besagte Umstand mag wohl blos in der
Einbildung bestehen: wenigstens hat der weltberühmte Burnet,
der sehr weitläuftig von diesem Steine gehandelt,[*] ein mehrers
davon nicht gedacht, als daß die Speisen, welche in dergleichen Gefäßen gekocht würden, keinen übeln Geschmack darinnen annähmen;
wobey

---

[*] Siehe *Gilb. Burnet Voyage de Suisse pag. 177. sequ.* oder dessen
ins Deutsche übersetzte Reise durch die Schweiz, Italien ꝛc. auf
der 263sten und den folgenden Seiten.

wobey er zugleich versichert, daß alles, was man in solche Töpfe thäte, weit geschwinder, als in kupfernen und andern metallenen Geschirren sieden soll, und an statt daß die metallenen Gefäße dem hinein gegossenen Liquor ihre, durch das Feuer angenommene Hitze in einem so starken Grade mittheilten, daß sie gar wenig für sich behielten, so blieben im Gegentheile diese steinernen Töpfe, welche noch einmal so dicke, als jene wären, eine sehr lange Zeit außerordentlich heiß. Dieser gelehrte Bischoff hat hiernächst auch angemerket, daß die vom Lavetzsteine verfertigten Gefäße keine Riße am Feuer bekämen, und zuletzt gelehret, wie man selbige, wenn sie durch einen Zufall zerbrochen worden, wieder ganz machen, und hernach eben so gut, wie vorhero gebrauchen kann.

Es würde überflüßig seyn, wenn ich hier weitläuftig sagen wollte, wie man diese Steine verarbeitet, und wie vielerley Hausgeräthe sich daraus zubereiten läßet, weil solches nicht allein in der vorher angezogenen Burnetischen Reisebeschreibung, sondern auch in Scaligers *Exercitat. ad Cardan. Sect. II.* und in der bekannten Lefferischen Lithotheologie ausführlich angezeiget worden *). Das einzige will ich nur noch anmerken, daß, da Scaliger, an der itzt besagten Stelle, auch berichtet hat, der durch einen Bergfall verunglückte Flecken, Plürs, habe mit diesem Steingewerbe, jedes Jahr 60000. Ducaten erworben, einem jeden sofort in die Augen leuchtet, wie ersprießlich es vor ein solches Land seyn müsse, worinne dieser Stein in Menge zu haben ist. Ich halte es demnach vor kein geringes Glück, daß die gütige Natur, wie ich meinem Zwecke gemäß nunmehro zu zeigen habe, diese eben so rare, als nutzbare Steinart auch dem Churfürstenthume Sachsen mitgetheilet hat. Damit nun

*) Eine noch genauere Nachricht, von der Zubereitung solcher Gefäße findet sich in des gleich zu Anfange citirten Scheuchzers *Itiner. per Helvetiae Alpin. region. p. 103. sequ.* allwo auch das zu dieser Arbeit erforderliche Werkzeug aufs genaueste beschrieben, und auf einem besondern Kupferblatte vorstellig gemacht ist.

nun dieser unterirdische Schatz nicht länger im Verborgenen bleiben möge; so will ich, aus einen in meinen Händen befindlichen Briefe, nachfolgende nähere Umstände davon bekannt machen. Es ist schon oben berührt worden, daß in dem hiesigen **Churfürstl.** Mineralien-Cabinete zween aus sächsischen Lavetzsteine verfertigte Kessel vorhanden sind; und diese hat der vor einigen Jahren verstorbene Aufseher über die Zöblitzer Serpentinsteine, **Friedrich**, mit nachstehenden Berichte eingesendet.

Die beykommenden zwey kleinen Gefäße habe ich von dem hiesigen Lavetzsteine gedrechselt, und Ew. ꝛc. werden erkennen, daß es der rechte, oder eben die Art von Lavetz-steine ist, so man in der Schweitz findet. Wenn ich mich weiter darnach bemühen und etliche Schürfe zu machen, be-fehliget werden sollte, so bin ich gewiß, daß hier eben so große Stücken, als in der Schweitz, zu bekommen wären. Wenn dieser Stein recht dünne gearbeitet wird, so ist er durchsichtig, beynahe wie Glas, und das darein gegossene Wasser siedet überaus geschwinde. Sie können diese Kessel auch auf Kohlfeuer probieren. Wenn nun dergleichen Steine, wie ich glaube, in Menge zu haben wären; so könnte man Theekessel, Kannen, Tiegel, Töpfe auch aller-hand ander Geschirre daraus verfertigen, und mit solchen sodenn einen überaus vortheilhaften Vertrieb machen.

Sollte es demnach nicht der Mühe werth seyn, daß eine bemittelte und patriotisch gesinnte Person, oder aber eine sogenannte Gewerk-schaft die Sache genau untersuchte, und diesen unterirdischen Schatz zum allgemeinen Besten anwendete? Denn zugeschweigen, daß bey dieser Arbeit eine nicht geringe Anzahl von Menschen ihren Unterhalt finden, und durch den damit angestellten Handel sehr viel Geld ins Land gebracht werden könnte; so würden auch dergleichen Steine vielleicht eben so gute, wo nicht noch bessere Schmelztiegel abgeben, als der

eigentlich

eigentlich so genannte Speckstein, den man, bey unserer hochlöblichen
Societät, zu diesem Behufe, ohnlängst in Vorschlag gebracht hat.
Insonderheit aber würde das daraus verfertigte Küchengeschirre in
der Haushaltung überaus nützlich seyn. Denn ob es uns gleich
an thönernen und andern bey dem Feuer nöthigen Gefäßen keines-
wegs mangelt, so lernen wir doch aus der täglichen Erfahrung, daß
die töpfernen, und sonderlich diejenigen, welche aus dem Gebür-
gischen Thone gemacht werden, der noch dazu insgemein unrein und
sehr salpeterisch ist, überaus zerbrechlich auch nicht wieder zu ergänzen
sind. Es würde mithin ein gar beträchtlicher Vortheil für die Oeko-
nomie seyn, wenn sich die Hauswirthe, so, wie in der Schweitz geschiehet, mit den mehr besagten steinernen Geschirren versehen könnten, da sie zumal die vortreffliche Eigenschaft an sich haben, daß sie
nicht so leicht, wie das übrige irdene Küchengeräthe, durch das Feuer
mürbe gemacht, ja so gar wieder in brauchbaren Stand gesetzt werden
können, wenn sie unversehens zerbrochen worden *). Hierzu kommt
noch dieser Umstand, daß die in solchen Gefäßen zubereitete Speisen
viel gesünder seyn müssen, als diejenigen sind, welche man in kupfernen oder andern metallenen Töpfen und Kesseln zu kochen pfleget.
Gesetzt auch, daß der Einkauf dieses steinernen Küchengeschirres höher
zustehen käme, als das itzt gebräuchliche irdene kostet; so ergiebt
es sich doch von sich selbst, daß, wenn man ihre vorbesagte Dauer-
haftigkeit, nebst den übrigen Umständen, und den mannigfaltigen
Nutzen, der dadurch erlanget wird, dargegen hält, alle diejenigen,
welche sich dergleichen Gefäße anschafften, gewißlich mehr dabey
gewinnen, als Schaden leiden würden. Ehe ich schließe, muß ich
noch mit wenigen gedenken, daß, da die Gewinnung oder das Aus-
brechen des Schweitzerischen Lavetzsteines ungemein große Mühe und
eine

*) Wie solches bewerkstelliget wird, solches man in dem oben besagten
Burnetischen Berichte, wie auch im dritten Bande der so betitelten neuen Versuche nützlicher Sammlungen zu der Natur-
und Kunstgeschichte nachlesen.

eine blutsaure Arbeit erfordert, die göttliche Güte dem hiesigen Lande, auch in dem Stücke eine vorzügliche Wohlthat erwiesen hat, indem sich diese Steinart hier mit weit weniger Mühe und viel geringern Unkosten, als in der Schweiß, brechen lässet, folglich auch das daraus verfertigte Haus- und Küchengeräthe um einen ganz leidlichen Preis dürfte zu bekommen seyn.

Endlich füge ich annoch bey, daß in dem vorhergedachten dritten Bande der neuen Versuche nützlicher Sammlungen zu der Natur- und Kunstgeschichte, auch gemeldet wird, als ob sich bey Ernstthal, im Schönburgischen, ein gewisser graugrünlicher Stein fände, der dem oft genannten Labeßsteine ziemlich nahe käme. Weil mir aber diese Steinart niemals zu Gesichte gekommen, auch, meines Wissens, noch von niemanden weiter beschrieben, oder anderswo angemerket worden; so kann ich von deren wirklichen Existenz und wesentlichen Beschaffenheit derselben eben so wenig etwas gewisses bestimmen, als von dem im Naßauischen und in Thüringen vorhandenen Topfsteine, worüber in dem so betitelten *Commercio literario Norimbergensi*, und zwar auf der 224sten Seite des 1741sten Jahres eine sehr genaue Nachricht ertheilet worden, die ich hauptsächlich darum zum Nachlesen empfehle, weil darinne sehr umständlich berichtet wird, daß aus diesen Steinen überaus bequeme, und zu allen Arten chymischer Arbeiten ungemein nützliche Oefen können verfertiget werden; wobey man zugleich angezeiget findet, wie und worinne diese Topfsteine von dem vorherbeschriebenen unterschieden sind.

Christian Heinrich Eilenburg.
Der Groß-Herzogl. physico-critischen Societät in Siena Mitglied.